LOI

SUR

L'ÉTAT DES OFFICIERS

PARIS	LIMOGES
11, *place St-André-des-Arts*	18, *rue Manigne*, 18

IMPRIMERIE ET LIBRAIRIE MILITAIRES

Henri CHARLES-LAVAUZELLE

LOI

SUR

L'ÉTAT DES OFFICIERS

LOI

SUR

L'ÉTAT DES OFFICIERS

PARIS ET LIMOGES

IMPRIMERIE, LIBRAIRIE, PAPETERIE

Henri CHARLES-LAVAUZELLE

Libraire-Éditeur

LOI

SUR L'ÉTAT DES OFFICIERS

LOUIS-PHILIPPE, Roi des Français,
A tous présents et à venir, Salut.
Les Chambres ont adopté, nous avons ordonné
et ordonnons ce qui suit :

TITRE Ier

DU GRADE.

Art. 1er. Le grade est conféré par le Roi ; il
constitue l'état de l'officier. L'officier ne peut le
perdre que par l'une des causes ci-après :

1° Démission acceptée par le Roi ;

2° Perte de la qualité de Français, prononcée
par jugement ;

3° Condamnation à une peine afflictive ou infa-
mante ;

4° Condamnation à une peine correctionnelle,
pour délits prévus par la section 1re et les articles
402, 403, 405, 406 et 407 du chapitre II du titre II
du livre III du Code pénal ;

5° Condamnation à une peine correctionnelle d'emprisonnement, et qui, en outre, a placé le condamné sous la surveillance de la haute police, et l'a interdit des droits civiques, civils et de famille ;

6° Destitution prononcée par jugement d'un conseil de guerre ;

Indépendamment des cas prévus par les autres lois en vigueur, la destitution sera prononcée pour les causes ci-après déterminées :

1° A l'égard de l'officier en activité, pour l'absence illégale de son corps, après trois mois ;

2° A l'égard de l'officier en activité, en disponibilité ou en non-activité, pour résidence hors du royaume sans autorisation du Roi, après quinze jours d'absence.

TITRE II.

DES POSITIONS DE L'OFFICIER.

Art. 2. Les positions de l'officier sont :
L'activité et la disponibilité,
La non-activité,
La réforme,
La retraite.

SECTION 1re.

De l'activité.

Art. 3. L'activité est la position de l'officier appartenant à l'un des cadres constitutifs de l'armée, pourvu d'emploi, et de l'officier hors cadre employé temporairement à un service spécial ou à une mission.

La disponibilité est la position spéciale de l'officier général ou d'état-major appartenant au cadre constitutif et momentanément sans emploi.

SECTION II.

De la non-activité.

Art. 4. La non-activité est la position de l'officier hors cadre et sans emploi.

Art. 5. L'officier en activité ne peut être mis en non-activité que par l'une des causes ci-après :

Licenciement de corps ;

Suppression d'emploi ;

Rentrée de captivité à l'ennemi, lorsque l'officier prisonnier de guerre a été remplacé dans son emploi ;

Infirmités temporaires (1) ;

Retrait ou suspension d'emploi.

Art. 6. La mise en non-activité par retrait ou suspension d'emploi a lieu par décision royale, sur le rapport du Ministre de la guerre.

Art. 7. Les officiers en non-activité par licenciement de corps, suppression d'emploi ou rentrée de captivité à l'ennemi, sont appelés à remplir la moitié des emplois de leur grade vacants dans l'arme à laquelle ils appartiennent.

---

(1) Mode de proposition (Décision ministérielle du 18 mai 1835).

Le temps passé par eux en non-activité leur est compté comme service effectif pour les droits à l'avancement, au commandement, à la réforme et à la retraite.

Art. 8. Les officiers en non-activité pour infirmités temporaires et par retrait ou suspension d'emploi, sont susceptibles d'être remis en activité. (1).

Le temps passé par eux en non-activité leur est compté comme service effectif pour la réforme et pour la retraite seulement.

SECTION III.

De la réforme.

Art. 9. La réforme est la position de l'officier sans emploi qui, n'étant plus susceptible d'être rappelé à l'activité, n'a pas de droits acquis à la pension de retraite.

Art. 10. La réforme peut être prononcée ;

1° Pour infirmités incurables ;

2° Par mesure de discipline.

§ 1er. De la réforme pour infirmités incurables.

Art. 11. La réforme pour infirmités incurables sera prononcée dans les formes voulues par la loi du 11 avril 1831, sur les pensions de l'armée de terre.

§ II. De la réforme par mesure de discipline.

Art. 12. Un officier ne peut être mis en réforme,

---

(1) Formalités à remplir dans le cas d'infirmités. (Circulaire du 16 décembre 1837.)

pour cause de discipline, que pour l'un des motifs ci-après :

Inconduite habituelle ;

Fautes graves dans le service ou contre la discipline ;

Fautes contre l'honneur ;

Prolongation au delà de trois ans de la position de non-activité, sauf les restrictions énoncées en l'article suivant.

Art. 13. La réforme par mesure de discipline des officiers en activité et des officiers en non-activité sera prononcée par décision royale, sur le rapport du Ministre de la guerre, d'après l'avis d'un conseil d'enquête, dont la composition et les formes seront déterminées par un règlement d'administration publique (1).

La réforme, à raison de la prolongation de la non-activité pendant trois ans. ne pourra être prononcée qu'à l'égard de l'officier qui, d'après l'avis du même conseil, aura été reconnu non susceptible d'être rappelé à l'activité.

Les avis du conseil d'enquête ne pourront être modifiés qu'en faveur de l'officier.

SECTION IV.

De la retraite.

Art. 14. La retraite est la position définitive de l'officier rendu à la vie civile et admis à la jouissance d'une pension, conformément aux lois en vigueur.

---

(1) Voir l'ordonnance du 21 Mai 1836.

TITRE III.

DE LA SOLDE.

Art. 15. La solde d'activité et celle de disponibilité sont réglées suivant les tarifs approuvés par le Roi.

Art. 15. La solde de non-activité est fixée :

1º Pour l'officier sorti de l'activité par suite de licenciement de corps. de suppression d'emploi, de rentrée de captivité à l'ennemi ou d'infirmités temporaires, à moitié de la solde d'activité dégagée de tous accessoires et de toute indemnité représentative ;

2º Pour l'officier sorti de l'activité par retrait ou par suspension d'emploi, aux deux cinquièmes de la même solde.

Art. 17. Les lieutenants et sous-lieutenants en non-activité toucheront les trois cinquièmes de la solde d'activité dépouillée de tous accessoires par exception au paragraphe 1er de l'article précédent.

Art. 18 Nul officier réformé n'a droit à un traitement, s'il n'a accompli le temps de service imposé par la loi de recrutement.

Tout officier réformé, ayant moins de vingt ans de service, recevra, pendant un temps égal à la moitié de la durée de ses services effectifs, une solde de réforme égale aux deux tiers du *minimum* de la pension de retraite de son grade, conformément à ce qui est déterminé par la loi du 11 avril 1831 (1).

---

(1) Entrée en jouissance. (Arrêté du Ministre de la guerre du 10 octobre 1838.)

L'officier ayant, au moment de sa réforme, plus de vingt ans de service effectif, recevra une pension de réfo. ne dont la quotité sera déterminée d'après le *minimum* de la retraite de son grade, à raison d'un trentième pour chaque année de service effectif.

Art. 19. Les pensions et traitements de réforme ci-dessus déterminés peuvent se cumuler avec un traitement civil.

Art. 20. Les pensions de réforme accordées après vingt ans de service seront inscrites au livre des pensions du Trésor public. Elles seront, comme les pensions de retraite, incessibles et insaisissables. excepté dans le cas de d'bet envers l'État, ou dans les circonstances prévues par les articles 203, 205 et 214 du Code civil. .

Dans ces deux cas, les pensions de réforme sont passibles de retenues qui ne peuvent excéder le cinquième pour cause de débet, et le tiers pour aliments.

Art. 21. Dans aucun cas, il ne peut y avoir lieu à réversibilité de tout ou partie de la pension de réforme sur les veuves et les orphelins.

TITRE IV.

DISPOSITIONS TRANSITOIRES.

Art. 22. Les officiers actuellement en jouissance de solde de congé illimité et de non-activité ou de traitement de réforme restent dans les positions où ils ont été placés par les ordonnances royales.

Les dispositions des articles 13 et 18 de la présente loi seront toutefois appliquées à ceux de ces officiers qui seraient reconnus devoir passer de la position de congé illimité ou de non-activité à celle de réforme.

Art. 23. Les officiers mis en réforme avec ou sans traitement, depuis le 1er avril 1814 jusqu'au 1er août 1830, et qui sont actuellement en activité de service, ou en possession d'une solde de non-activité ou de congé illimité, seront admis à faire valoir pour la retraite ou pour la réforme, comme service effectif, le temps qu'ils ont antérieurement passé en réforme, mais seulement jusqu'à concurrence du nombre d'années qui ouvrent le droit au *minimum* de la pension de retraite.

Le même droit est accordé aux officiers réintégrés dans l'armée depuis le 1er août 1830, et qui, par suite d'infirmités ou pour tout autre motif de santé dûment constaté, auront été mis à la position de réforme.

TITRE V.

DE L'APPLICATION A L'ARMÉE DE MER.

Art. 24. La présente loi est déclarée commune aux deux services de terre et de mer. Elle est, en conséquence, applicable aux officiers des troupes de la marine et aux officiers entretenus des autres corps de ce département.

Néammoins, la mise en non-activité d'un officier de vaissau ou d'autres officiers entretenus des corps de la marine, ne pourra ouvrir aucune vacance dans le cadre de l'état-major maritime.

Art. 25. Les pensions de réforme qui, en exécution de l'article 18 ci-dessus, devront être accordées aux officiers entretenus des corps de la marine, après vingt ans de service effectif, seront liquidées proportionnellement e' payées suivant la teneur des articles 1er et 26 de la loi du 18 avril 1831.

TITRE VI.

DISPOSITIONS GÉNÉRALES.

Art. 26. Les dispositions de la présente loi sont applicables au corps de l'intendance militaire.

Elles sont également applicables aux officiers de santé des armées de terre et de mer, à ceux de l'administration des hôpitaux et aux agents du service de l'habillement et du campement (1).

Art. 27. Tout officier condamné par jugement à un emprisonnement de plus de six mois sera suspendu de son emploi, ou mis en réforme, en se conformant aux dispositions des articles 6 et 13 de la présente loi.

---

(1) Ces dispositions sont également applicables :

1o Aux officiers d'administration des subsistances militaires (décret du 9 janvier 1852, article 8).

2o Aux vétérinaires militaires (décret du 28 janvier 1852, article 9).

3o Aux employés de l'artillerie, du génie et des équipages militaires (décrets des 28 mars 1852, art. 7 et 29 août 1865), à l'exception des ouvriers d'état (décret du 29 août 1865).

4o Aux officiers d'administration des bureaux de l'Intendance militaire (décret du 1er novembre 1853, article 4).

5° Aux officiers d'administration de la justice militaire (décret du 29 août 1854, article 7).

La durée de l'emprisonnement ne comptera jamais comme temps de service effectif, même pour la retraite.

Art. 28. Toutes dispositions antérieures, contraires à la présente loi, sont et demeurent abrogées.

La présente loi, discutée, délibérée et adoptée par la Chambre des pairs et par celle des députés et sanctionnée par nous cejourd'hui, sera exécutée comme loi de l'Etat.

Donnons en mandement à nos cours et tribunaux, préfets, corps administratifs et tous autres, que les présentes ils gardent et maintiennent, fassent garder, observer et maintenir ; et, pour les rendre plus noto res à tous, ils les fassent publier et enregistrer partout où besoin sera ; et, afin que ce soit chose ferme et stable à toujours, nous y avons fait mettre notre sceau.

Fait à Paris, au palais des Tuileries, le 19° jour du mois de mai 1834.

Signé : LOUIS-PHILIPPE.

Vu et scellé du grand sceau :   Par le Roi :

Le garde des sceaux de France. Ministre secrétaire d'Etat au département de la justice et des cultes.

Le président du Conseil, Ministre Secrétaire d'Etat au département de la guerre.

Signé : M^{al} duc de Dalmatie.

Signé : C. Persil.

Limoges. — Imp. Henri Charles-Lavauzelle.